FRAG MICH WAS

Dinosaurier

Von Marilis Lunkenbein

Illustriert von Andreas Piel

Mit vielen lustigen Zeichnungen
von Angelika Stubner

Loewe

Der Umwelt zuliebe ist dieses Buch
auf chlorfrei gebleichtem Papier gedruckt.

ISBN 3-7855-4846-X – 3. Aufl. 2005

Umschlagillustration: Andreas Piel
Vignetten: Angelika Stubner
Umschlaggestaltung: Andreas Henze
Gesamtherstellung: L.E.G.O. S.p.A., Vicenza
Printed in Italy

www.loewe-verlag.de

Inhalt

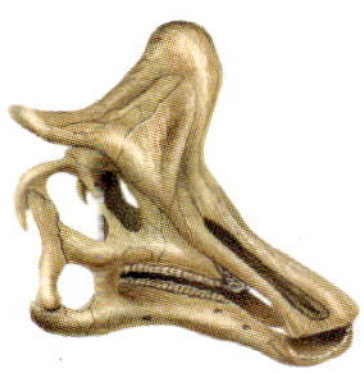

Wer waren die Dinosaurier?

Dinosaurier heißt auf Deutsch „schreckliche Echse“. Die Forscher müssen sich wohl sehr erschrocken haben, als sie bei ihren Ausgrabungen die riesigen Dino-Knochen fanden. Heute wissen wir: Viele Saurier waren harmlose Riesen, die friedlich Wälder und Wiesen abgrasten.

Eine Herde von Triceratops grast auf einer Waldlichtung.

Die Zeit der Dinosaurier bezeichnet man als Erdmittelalter. Es begann vor 225 Millionen Jahren und endete vor 65 Millionen Jahren. Damals begannen sich die Landmassen auf der Erde in die heutigen Kontinente aufzuteilen.

Um sich die Jahrmillionen besser vorzustellen, kann man die Erdgeschichte in ein Jahr aufteilen. Im April entstehen Bakterien und Algen. Im August entwickelt sich das Leben im Meer weiter. Weichtiere und Schwämme tauchen auf. Die großen Dinosaurier erscheinen etwa Mitte Dezember, sterben aber in den Weihnachtstagen bereits wieder aus. Der erste Mensch kommt erst weniger als zwei Stunden vor dem Jahreswechsel auf die Welt.

Wie sah es damals auf der Erde aus?

Große Meere, Seen, Sümpfe und Flüsse bedeckten die Landschaft. Es wuchsen viele hohe Nadelbäume und Cycadeen. Das waren Bäume mit gefiederten Wedelblättern, die aussahen wie Palmen oder Riesenfarnkräuter.

Das Klima war mild. Es regnete häufig, sodass die Pflanzen gut wachsen und gedeihen konnten.

Der Erdboden war bedeckt von Moosen, Farnen, Schachtelhalmen und Bärlappgewächsen, die den Pflanzen fressenden Sauriern als Nahrung dienten.

Woher wissen wir etwas von den Dinos?

Alles, was wir heute über Dinosaurier wissen, haben wir aus Fossilien gelernt. So nennt man die Versteinerungen von Pflanzen, Tieren oder Tierspuren, die durch Zufall oder bei Ausgrabungen gefunden wurden.

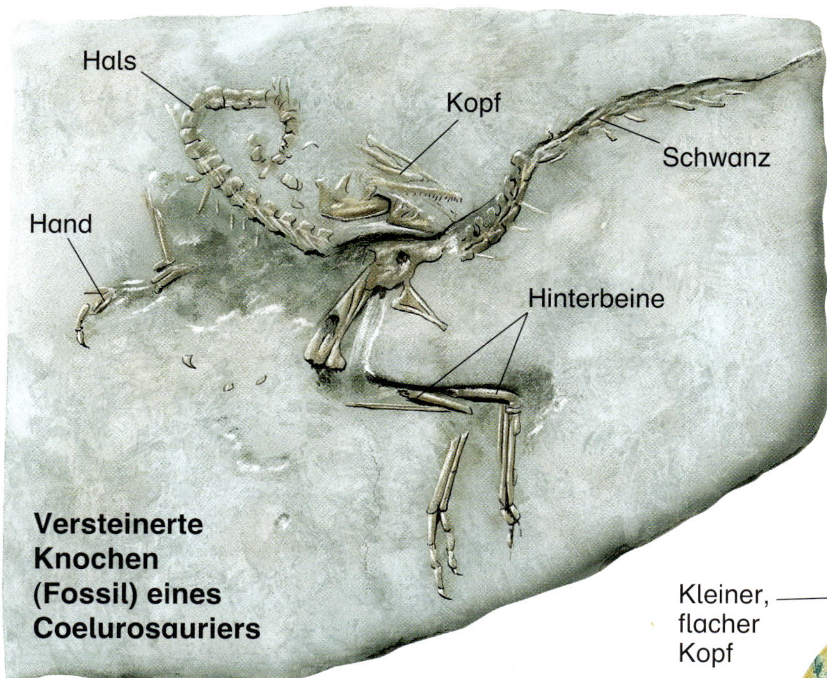

Versteinerte Knochen (Fossil) eines Coelurosauriers

Nordamerika war die Heimat des Coelurosauriers.

Rekonstruktion eines Coelurosauriers

Der **Coelurosaurier** erreichte eine Länge von zwei Metern.

Knochen, Zähne und manchmal ein Stückchen versteinerte Haut sind alles, was wir heute von den Dinosauriern haben. Aus den Knochen erkennen die Wissenschaftler, wie der Körperbau der Tiere aussah. Die Zähne verraten etwas über ihre Nahrung. Lange, dolchartige Zähne weisen auf einen Fleischfresser hin, kleine, flache Zähne auf Pflanzenfresser.

Schädel eines Fleischfressers

Bei den Ausgrabungen werden freigelegte Knochen in Gips eingepackt. So kann man verhindern, dass sie beim Transport zerbrechen.

Die meisten Funde von Dinosauriern sind in Stein eingebettet, aus dem sie von den Forschern mühsam befreit werden müssen.

Wo lebten die Dinosaurier?

Dinosaurier hat es fast überall auf der Erde gegeben. In Amerika und in Asien hat man aber besonders viele Überreste von ihnen gefunden.

In Amerika wurden bislang die aufsehenerregendsten Dino-Funde gemacht.

Den ersten Dinosaurier, einen Iguanodon, entdeckte man im vorigen Jahrhundert in England.

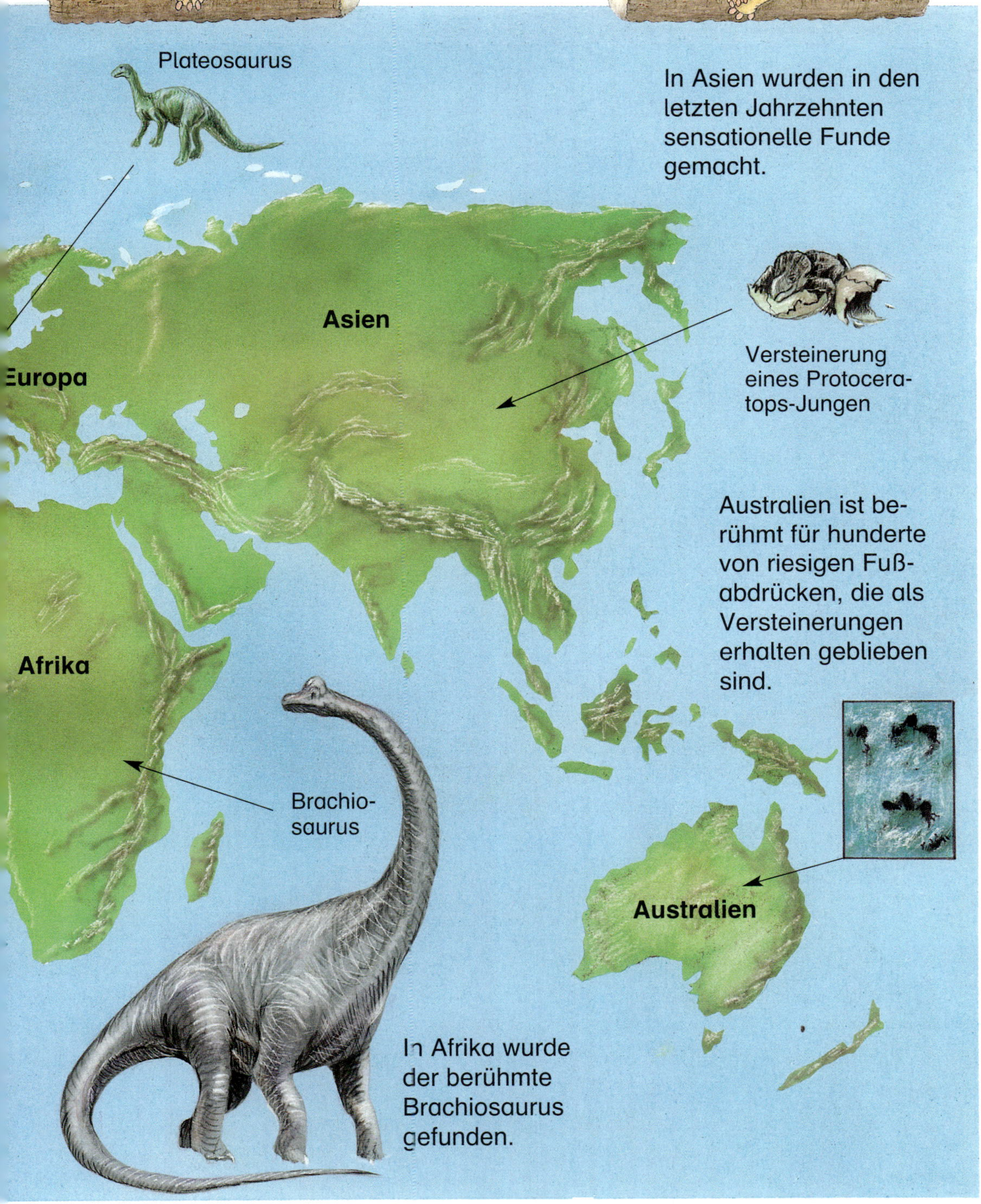

In Asien wurden in den letzten Jahrzehnten sensationelle Funde gemacht.

Australien ist berühmt für hunderte von riesigen Fußabdrücken, die als Versteinerungen erhalten geblieben sind.

In Afrika wurde der berühmte Brachiosaurus gefunden.

Wie sahen die Dinos aus?

Einige waren so groß wie ein Tennisplatz, andere so klein wie ein Huhn. Manche hatten eine glatte Haut, andere waren von Schuppen bedeckt oder mit einem Schild aus Horn oder Knochen geschützt. Es gab auch Saurier, die mit Stacheln bewehrt oder mit Hörnern ausgestattet waren. Etwa 350 verschiedene Arten sind uns heute bekannt.

Ein Saltopus flüchtet vor einem Tyrannosaurus Rex, von dem nur ein Fuß zu sehen ist.

Zu den seltsamen Sauriern gehören jene mit merkwürdigen Auswüchsen auf ihren Köpfen. Manche Forscher glauben, dass die Dinos mit den Kämmen Laute erzeugen konnten wie mit einer Trompete. Der Corythosaurus, der Parasaurolophus und der Lambeosaurus trugen solche bunten Kämme.

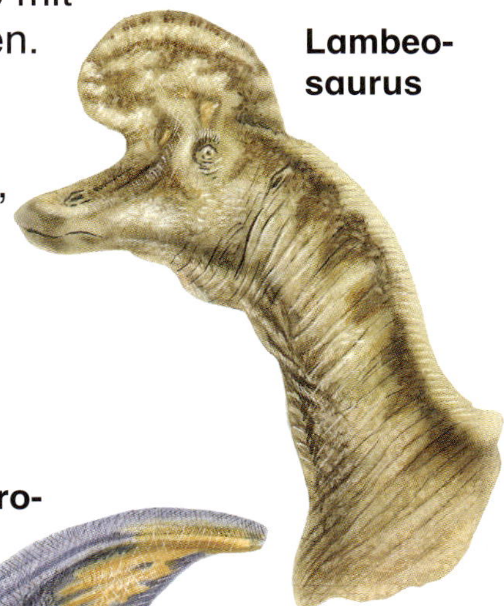

Lambeo-saurus

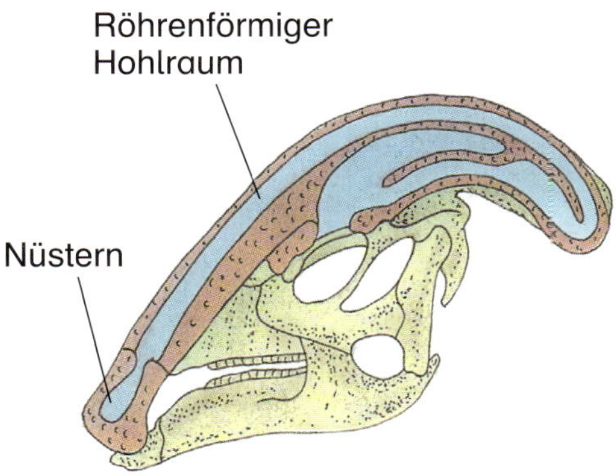

Querschnitt durch den Schädel eines Hadrosauriers

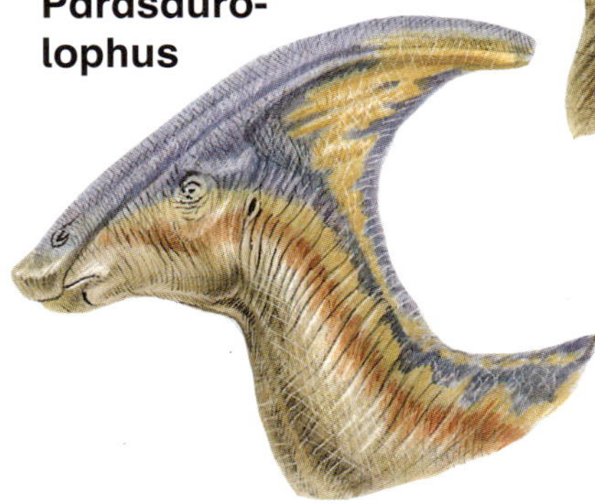

Parasauro-lophus

Um sich das enorme Gewicht der Dinosaurier besser vorstellen zu können, hilft ein Vergleich. Elf Elefanten würden so viel wiegen wie ein Brachiosaurus. Ein Elefant wiegt nämlich ungefähr fünf Tonnen, ein Brachiosaurus wog etwa 55 Tonnen.

Wie sah der Körperbau der Saurier aus?

Die Wissenschaft vom Körperbau heißt Anatomie. In diesem Fachgebiet waren sich die Forscher lange Zeit uneinig: Einige Wissenschaftler glaubten aufgrund des Körperbaus der Dinosaurier sogar, dass sie sich wie Eidechsen mit seitlich abgespreizten Beinen fortbewegten. Nach vielen Fossilienfunden und Fußabdrücken, die man in den letzten Jahren entdeckt hat, weiß man das heute aber besser.

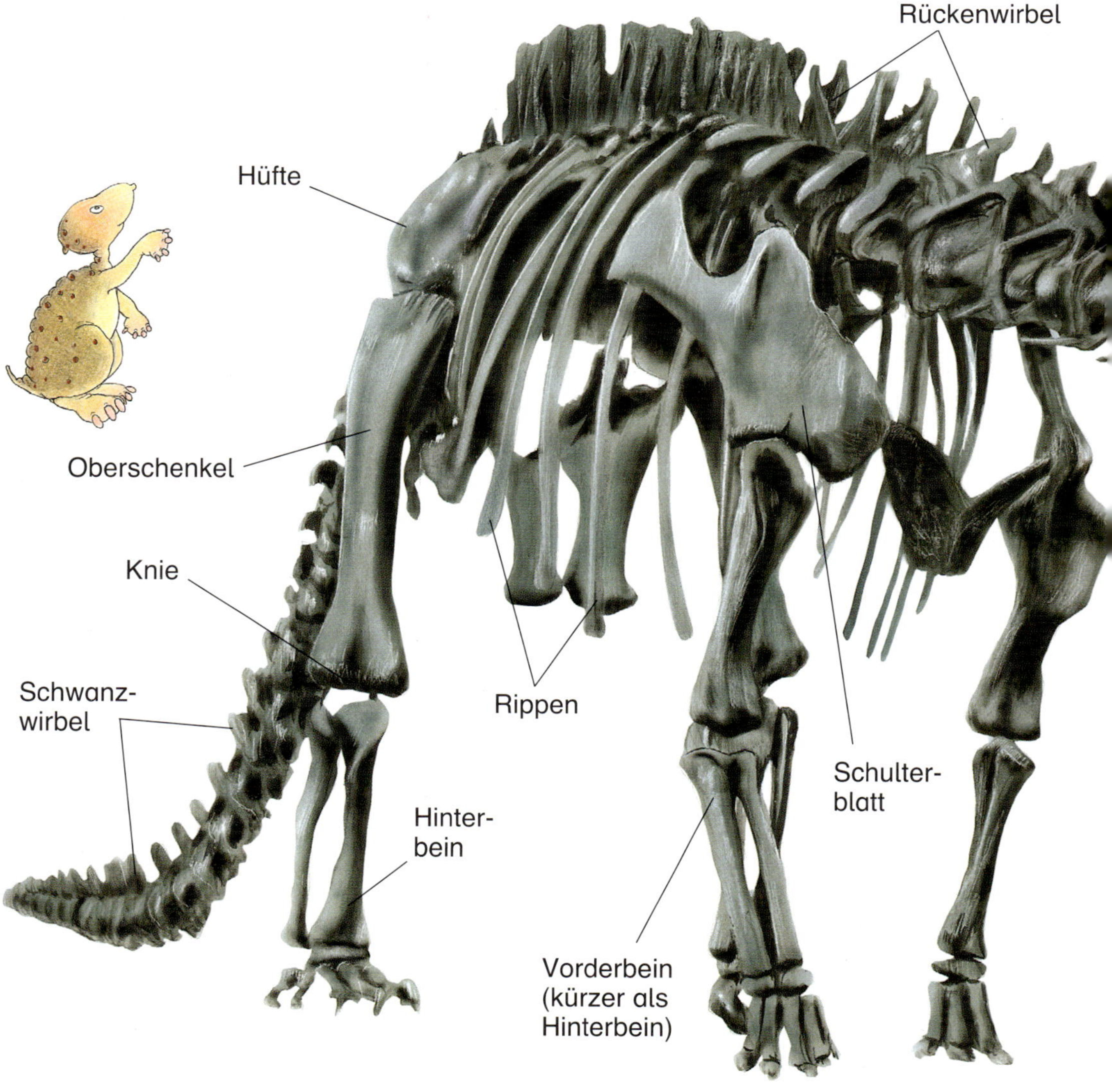

Skelett des Diplodocus

Der anatomische Aufbau erinnert sehr an eine Hängebrücke. Das zehn Tonnen schwere Tier wurde von vier kräftigen, säulenartigen Beinen getragen.

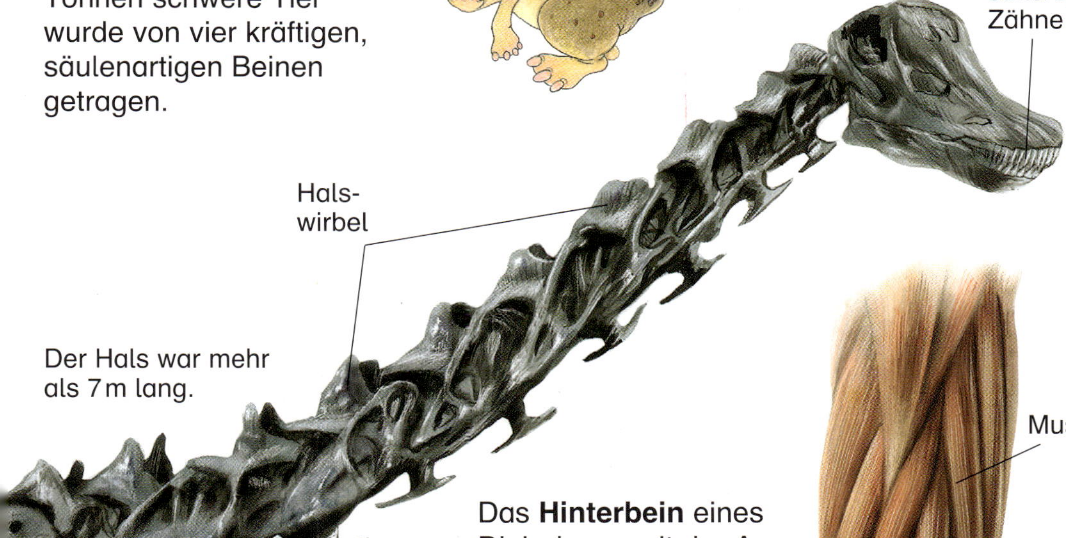

Der Hals war mehr als 7 m lang.

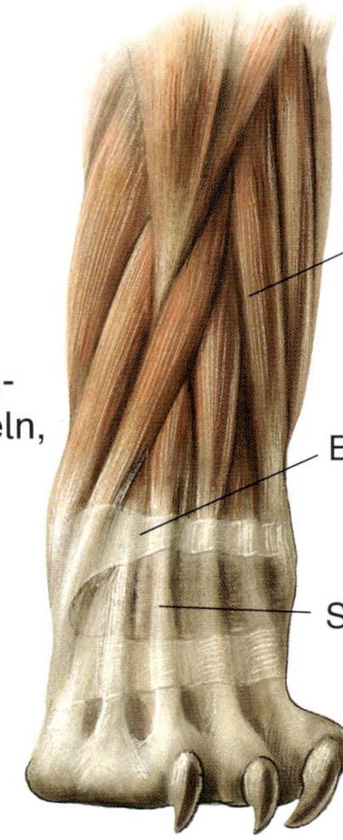

Das **Hinterbein** eines Diplodocus mit der Anordnung seiner Muskeln, Bänder und Sehnen

Der Schädel der Dinosaurier enthielt ausgedehnte Verdunstungsflächen in der Nasenhöhle und Blutgefäßerweiterungen zur Regulierung der Gehirntemperatur. Das Gehirn der Dinosaurier nahm dagegen nur einen recht kleinen Raum ein. Die Größe des Hirns sagt aber nichts über die Intelligenz der Saurier aus.

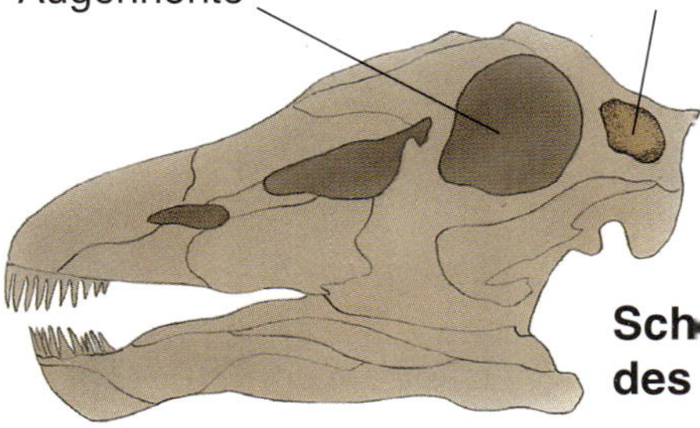

Schädel des Diplodocus

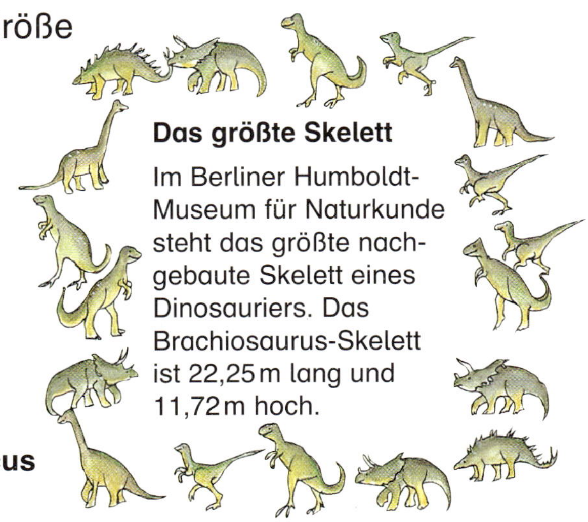

Das größte Skelett

Im Berliner Humboldt-Museum für Naturkunde steht das größte nachgebaute Skelett eines Dinosauriers. Das Brachiosaurus-Skelett ist 22,25 m lang und 11,72 m hoch.

Lebten Saurier auch im Wasser?

Es gab Reptilien, die im Wasser lebten. Die Dinos selbst schwammen gelegentlich durch Flüsse und Seen, hielten sich aber nicht ständig im Wasser auf.

Ichthyosaurier

Die Ichthyosaurier (Fischechsen) hatten stromlinienförmige Körper und Flossen, so wie unsere heutigen Delfine.

Mosasaurier

Die Mosasaurier (Schwimmechsen) ähnelten ein bisschen dem Krokodil, sie wurden neun Meter lang. Zum Luftholen mussten sie auftauchen.

Plesiosaurier

Die Plesiosaurier (Schwanenhalsechsen) hatten lange Hälse, kleine Köpfe und viele spitze Zähne.

Konnten Saurier fliegen?

Es gab so genannte Flugsaurier, die aber nicht zu den Dinos zählen. Denn Dinosaurier sind Kriechechsen. Die Flugechsen (Pterosaurier) lebten aber zur selben Zeit wie die Dinos und werden deshalb oft zusammen mit ihnen genannt.

Die Flügelspannweite des Rhamphorhynchus betrug einen Meter. Er ernährte sich von Fischen.

Ein **Rhamphorhynchus** gleitet auf Beutejagd durch die Lüfte.

Die Vögel, wie wir sie auch heute noch kennen, haben sich erst später aus den Flugsauriern entwickelt. Ganz berühmt ist der „Urvogel“ mit dem schwierigen Namen Archäopteryx, den man in Versteinerungen gefunden hat.

Diese Versteinerung des „Urvogels“ wurde 1877 in den Solnhofener Steinbrüchen (Bayern) gefunden.

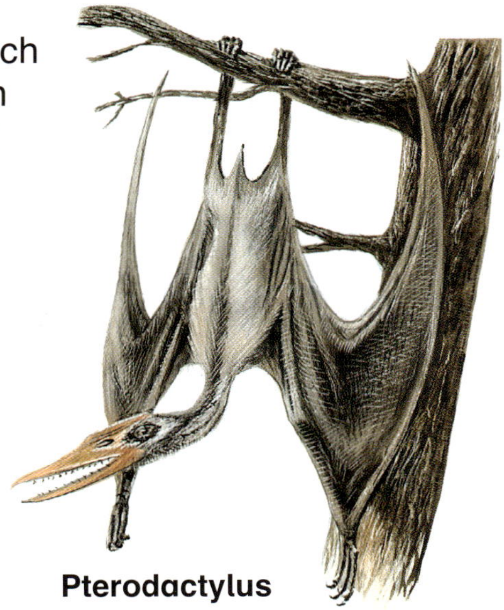

Pterodactylus

Die Finger der Flugsaurier hatten Krallen, mit denen sie klettern, sich festhalten und zum Schlafen hängen lassen konnten.

Archäopteryx

Der Archäopteryx sah aus wie ein winziger, zweibeiniger Dinosaurier, hatte aber wie die heutigen Vögel bereits ein dichtes Federkleid.

Welche Rekorde stellten Saurier auf?

Die Dinosaurier und die Flugsaurier bevölkerten die Erde in einer ähnlichen Vielfalt wie heute die Säugetiere und Vögel. Als Beispiel dafür sind hier einige „Rekordhalter“ unter den Sauriern versammelt.

Der Kleinste

Compsognathus war mit seinen 60 Zentimetern Länge so groß wie eine Hauskatze.

Compsognathus

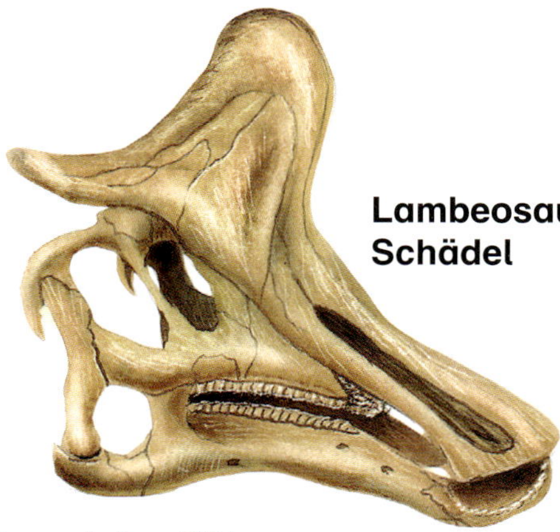

Lambeosaurus-Schädel

Die meisten Zähne

Lambeosaurus, ein Pflanzenfresser aus der Familie der Entenschnabelsaurier, besaß 2000 Zähne.

Noch größer als Ultrasaurus waren Seismosaurus (37 m), Argentinosaurus (40 m) und Supersaurus (41 m).

Der Schwerste und Größte

Ultrasaurus war mehr als 30 Meter lang und wog 130 Tonnen. Bisher wurden aber nur unvollständige Überreste von ihm gefunden.

Der größte Flieger

Quetzalcoatlus hatte eine Flügelspannweite von zwölf Metern und wog an die 80 Kilogramm.

Der Schnellste

Ornithomimus war mit seinen 50 Stundenkilometern Höchstgeschwindigkeit so schnell wie ein Strauß.

Wie lebten die Saurier?

Die Saurier liebten Geselligkeit und hielten sich gern in Herden auf. Auf Wanderschaft liefen in der Mitte der Herde die Saurierkinder, umgeben von den Saurierweibchen. Ganz außen trabten die männlichen Tiere und schützten die Gruppe vor Feinden.

Versteinerte Dinosaurierspuren

Häufig haben die Dinosaurier ihre Fährten im Sand oder Schlamm hinterlassen. Diese Spuren sind während der Jahrmillionen versteinert und uns so erhalten geblieben.

Die gigantischen „Vielfraße“ wanderten oft umher, denn sie brauchten ständig neues Weideland mit frischem Futter.

Wie sah das Familienleben aus?

Bei manchen Sauriern gab es Familien, ähnlich wie bei uns Menschen. Diese Familiensaurier zogen ihre Kinder an bewachten Brutplätzen in Nestern auf und kümmerten sich aufmerksam um ihren Nachwuchs.

Dinosaurier-Eier besaßen eine lang gestreckte Form. Die größten Eier waren etwa 30 cm groß.

So unglaublich es klingt: Die riesigen Dinosaurier haben Eier gelegt, aus denen dann ihre Babys geschlüpft sind. Sie haben sich so fortgepflanzt wie Schlangen, Eidechsen, Schildkröten und andere Reptilien. Auch die Babys der Riesensaurier waren zunächst ganz klein und zierlich.

Versteinerte Spuren der Vergangenheit: ein Nest mit Eiern von Dinosauriern.

Querschnitt durch ein Dino-Ei

Bei Ausgrabungen haben Wissenschaftler in Frankreich echte Saurierеier gefunden. An einer anderen Stelle fanden sie sogar Versteinerungen von schlüpfenden kleinen Hornsauriern.

Rekonstruktion von schlüpfenden Hornsaurierjungen (Protoceratops)

Wie ernährten sich die Dinos?

Die meisten Dinosaurier fraßen Pflanzen. Sie werden von den Forschern Herbivoren genannt. Außer diesen friedlichen Pflanzenfressern gab es noch die Fleisch fressenden Raubsaurier. Sie heißen Karnivoren.

Besonders die Pflanzenfresser waren einen Großteil des Tages mit dem Fressen beschäftigt. Denn Blätter enthalten viel weniger Nährstoffe als Fleisch.

Camarasaurus

Die Fleischfresser jagten und töteten mit ihren scharfen Zähnen und Klauen die Pflanzenfresser. Wenn diese sich nicht durch schnelle Flucht retten konnten oder keinen schützenden Panzer hatten, gab es für sie keine Chance zu entkommen.

Zwei Dilophosaurier reißen einen Scutellosaurus.

Wie kämpften die Dinosaurier?

Kämpfe zwischen Fleisch- und Pflanzenfressern fanden tagtäglich statt. Denn die Fleisch fressenden Raubsaurier lebten ja von den friedlichen Vegetariern.

Ein Ceratosaurus (vorne rechts) greift einen Brachiosaurus an.

Stegosaurus war ein friedlicher Riese, der vom Nacken bis zur Schwanzspitze durch riesige nach oben abstehende Knochenplatten vor Angriffen geschützt war.

Stegosaurus

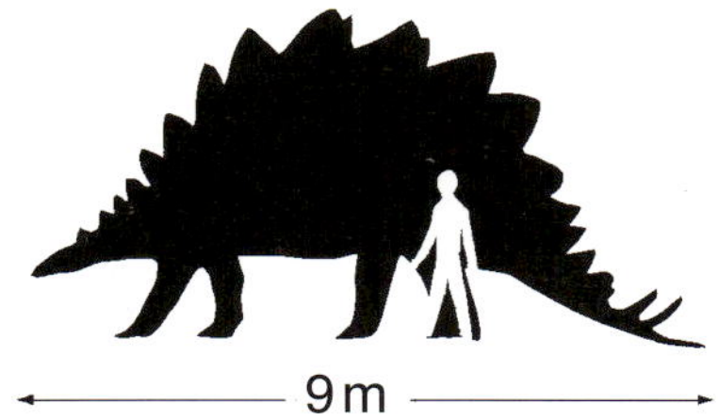

Die Zeichnung zeigt einen Größenvergleich zwischen einem Menschen und dem Stegosaurus. Dieser riesige Dinosaurier wurde bis zu neun Meter lang. Die Abbildung ist übrigens eine Fantasievorstellung, denn Menschen und Saurier haben niemals zusammen auf der Erde gelebt.

● Der Deinonychus, ein kleiner, flinker Saurier mit drei scharfen Krallen an seinen Hinterbeinen, sprang sein Opfer an, landete auf dessen Rücken und schlug ihm immer wieder seine mittlere, besonders scharfe Kralle ins Fleisch.

Ein Iguanodon wird von zwei Deinonychi angegriffen.

Hatten die Saurier einen „König"?

„König" der Saurier war der Tyrannosaurus Rex. Rex bedeutet „König". Er galt lange als größter und stärkster Fleischfresser, der je auf dem Festland gelebt hat.

Tyrannosaurus Rex

Friedlicher Riese?

Ob Tyrannosaurus Rex ein friedlicher Riese war oder ein wilder Jäger, ist umstritten. Er konnte sich wohl nur langsam bewegen und lebte möglicherweise hauptsächlich vom Fleisch toter Tiere.

So mächtig der Tyrannosaurus Rex auch war: Einer fürchtete ihn nicht. Das war Ankylosaurus mit seinem harten Panzer aus Knochenplatten. Seine Beine hatte der Ankylosaurus mit Stacheln geschützt. Und wenn der „nur“ lastwagengroße Ankylosaurus seinen knorrigen, schweren Schwanz wie eine Keule schwang, machte sich selbst der „König“ der Saurier schnellstens aus dem Staub.

Ankylosaurus ist der größte bislang entdeckte Panzerdinosaurier. Er war 10 m lang und wog bis zu 7 t.

Tyrannosaurus Rex war 15 m lang, 6 m hoch und besaß ein Gewicht von knapp 8 t.

Das Maul des Tyrannosaurus war 1,5 m lang. Seine bis zu 15 Zentimeter langen Zähne waren wie Sägemesser gezackt.

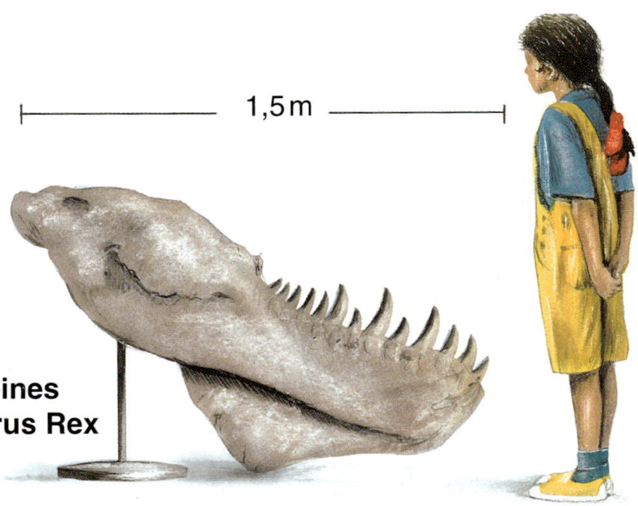

Unterkiefer eines Tyrannosaurus Rex

Welche Saurier muss man noch kennen?

Alle Saurier kennt keiner, denn schließlich gibt es etwa 350 Arten, und immer noch werden neue gefunden. Einige besondere sollte jedoch jeder Dino-Experte kennen.

Mit seinem „Sonnensegel" konnte **Dimetrodon** in der Sonne schnell Wärme tanken, im Schatten schneller abkühlen.

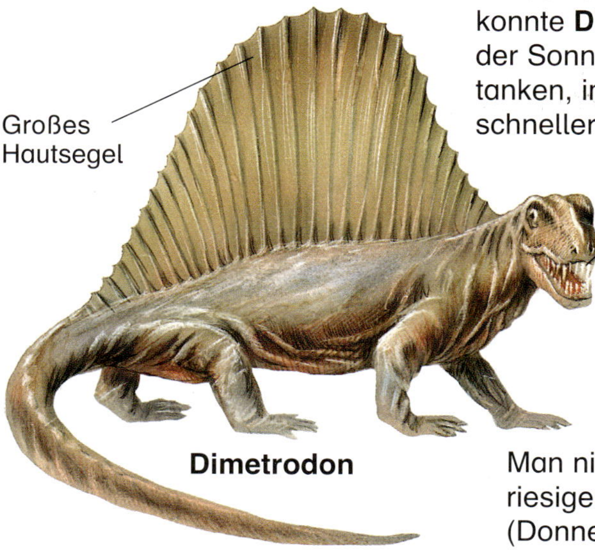

Dimetrodon

Man nimmt an, dass die riesigen **Brontosaurier** (Donnerechsen) große Steine schluckten, die im Magen die Pflanzen zerrieben.

Schnittzeichnung durch den Magen eines Brontosaurus

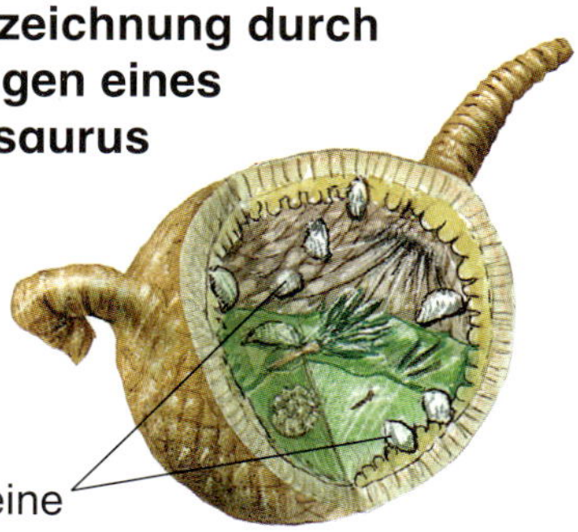

Brontosaurus
(= Apatosaurus)

Triceratops ähnelte ein bisschen unserem Nashorn, war aber mit neun Metern Länge viel größer.

Der längste Hals

Den längsten Hals aller Wirbeltiere hatte ein Dino namens Mamenchisaurus hochuanensis. Bei einer Gesamtlänge von 24 m ist allein der Hals 14 m lang.

Pachycephalosaurus war ein echter Dickschädel. Sein 60 Zentimeter großer Kopf sah aus wie ein Knochenhelm.

Warum verschwanden die Dinosaurier?

Zum Aussterben der Dinosaurier vor etwa 65 Millionen Jahren gibt es viele Theorien. Eine von ihnen besagt, dass ein riesiger Meteorit auf die Erde prallte und eine gewaltige Explosion ein Loch in die Erdkruste riss. Staub und Wasserdampf haben dann alle Pflanzen im weiten Umkreis vernichtet. Das Sonnenlicht drang nicht mehr durch, und es wurde deshalb sehr kalt auf der Erde.

Allosaurus

Brachiosaurus
Triceratops
Albertosaurus

Wer gab den Sauriern ihre Namen?

Der englische Wissenschaftler Richard Owen hatte eine Menge riesiger Knochen gefunden. Er hielt die Tiere, von denen die Skelette stammten, für schrecklich und gab ihnen den Namen „schreckliche Echsen“ (Dinosaurier).

Sir Richard Owen (1804–1892) gab den Dinosauriern ihren Namen.

Oviraptor
Ein treffender Name für diesen kleinen Räuber: „Eierdieb“ kommt nämlich von *ovi* (= Eier) und *raptor* (= Dieb).

- *acanthus* = stachelig
- *allo* = verschieden
- *atros* = Stern
- *baros* = schwer
- *bi* = zwei
- *brachio* = Arm
- *bronto* = Donner
- *carnis* = Fleisch
- *cephalo* = Kopf
- *cera* = Horn
- *deino (dino)* = schrecklich
- *dicro* = gespalten
- *dromikus* = schnell
- *dryptos* = reißend
- *gnathus* = Kiefer
- *lestes* = Räuber
- *lopho* = Schopf, Hals
- *maia* = gute Mutter
- *massa* = groß, dick
- *megalo* = riesig
- *mikro* = winzig
- *mono* = eins
- *odon* = Zahn
- *ornitho* = Vogel
- *ops* = Gesicht
- *pachy* = dick
- *pod* = Fuß
- *poly* = viele
- *proto* = zuerst
- *ptera* = Flügel
- *saltus* = Sprung
- *sarcos* = Fleisch
- *saurus* = Echse
- *stego* = Dach
- *therium* = Tier
- *tri* = drei

Krokodile und Vögel könnten zu den Ururenkeln der Dinosaurier gehören. Die Schädel von Krokodilen haben nämlich das gleiche Loch vor der Augenhöhle, wie es die Versteinerungen von Dinoschädeln zeigen. Und die Beckenknochen der Krokodile ähneln denen der Saurischier (Echsenbecken-Saurier). So ist es auch bei unseren heutigen Vögeln, deren Beckenknochen denen des Vogelbecken-Sauriers stark ähneln.

Abstammungs- und Entwicklungstafel

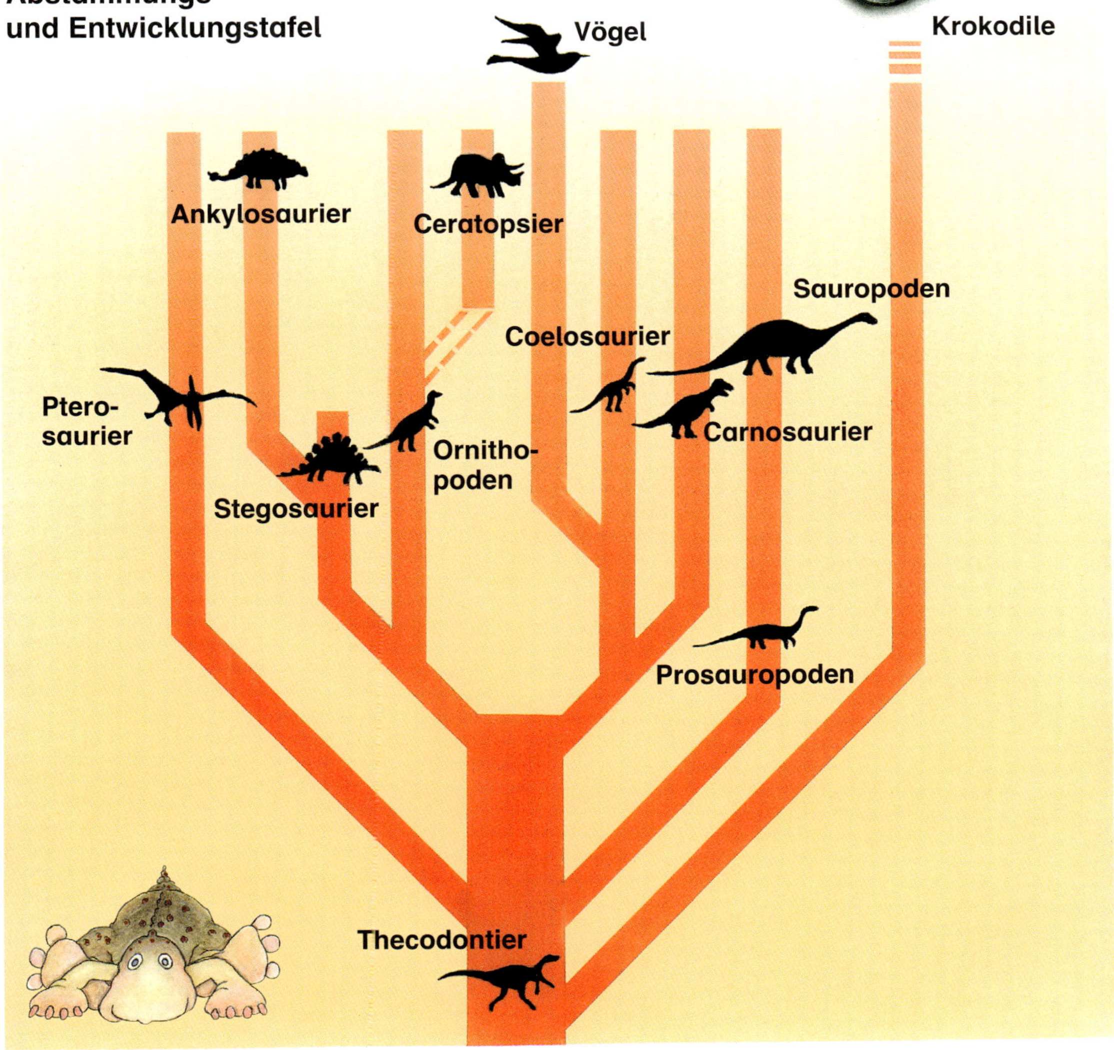

Prüfe dein Wissen!

Zu den Bildern auf dieser Seite wird dir jeweils eine Frage gestellt. Wenn dir die Antwort nicht einfällt, dann suche im Buch einfach die abgebildete Illustration.

Was hat er auf dem Kopf?

Was hatte er im Magen?

Wie heißt er?

Was sieht man hier?

Wie schwer war er?

Woraus sind seine Zacken?

Wie groß ist
seine Spannweite?

Welchen Rekord hält er?

Welches Tier ist hier
versteinert?

Was machte er
mit dem Segel?

Register